Perros gran danés

Grace Hansen

Abdo
PERROS
Kids

abdopublishing.com

Published by Abdo Kids, a division of ABDO, P.O. Box 398166, Minneapolis, Minnesota 55439.

Copyright © 2017 by Abdo Consulting Group, Inc. International copyrights reserved in all countries. No part of this book may be reproduced in any form without written permission from the publisher.

Printed in the United States of America, North Mankato, Minnesota.

102016

012017

THIS BOOK CONTAINS
RECYCLED MATERIALS

Spanish Translator: Maria Puchol

Photo Credits: iStock, Shutterstock, Thinkstock

Production Contributors: Teddy Borth, Jennie Forsberg, Grace Hansen

Design Contributors: Dorothy Toth, Laura Mitchell

Publisher's Cataloging-in-Publication Data

Names: Hansen, Grace, author.

Title: Perros gran danés / by Grace Hansen.

Other titles: Great Danes. Spanish

Description: Minneapolis, MN : Abdo Kids, 2017. | Series: Perros. Set 2 |
    Includes bibliographical references and index.

Identifiers: LCCN 2016948063 | ISBN 9781624027024 (lib. bdg.) |
    ISBN 9781624029264 (ebook)

Subjects: LCSH: Great Dane--Juvenile literature. | Spanish language
    materials--Juvenile literature.

Classification: DDC 636.73--dc23

LC record available at http://lccn.loc.gov/2016948063

Contenido

Perros gran danés

El gran danés es una de las razas de perros más altos. ¡Puede llegar a crecer hasta 3 pies (1 metro) de alto!

4

El gran danés tiene todo grande. Tiene la cola y las patas largas. Su cabeza es muy grande.

Las orejas del gran danés son grandes. Algunos las tienen **recortadas**, mientras que otros las tienen dobladas. ¡Sus pies pueden ser tan grandes como las manos de las personas!

El cuerpo del gran danés es **musculoso**. Está cubierto de pelo corto y brilloso.

Estos perros pueden ser de muchos colores. También pueden tener **marcas**.

Cuidados y ejercicio

A los perros gran danés se les cae mucho el pelo. Es bueno cepillarlos con frecuencia. Es necesario bañarlos ocasionalmente.

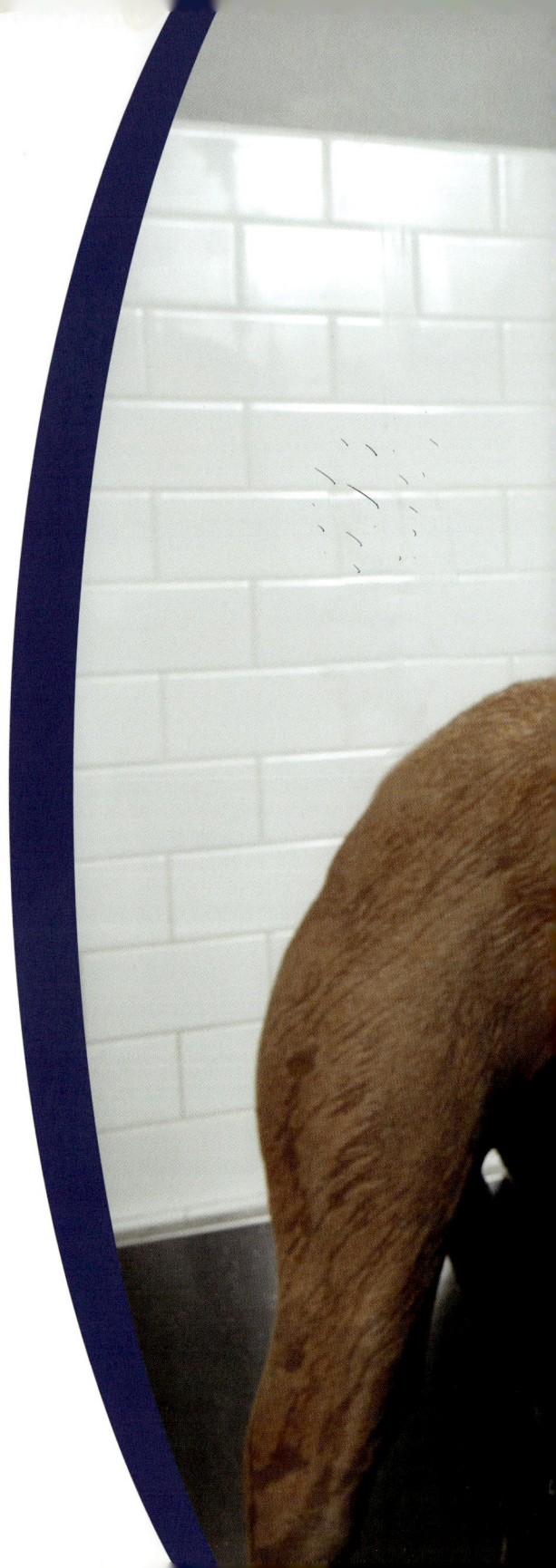

Los perros gran danés no necesitan hacer mucho ejercicio. ¡Prefieren estar tumbados en el sofá! Sin embargo, es importante sacarlos a caminar varias veces por día.

El gran danés necesita alimento para perros que sea de **buena calidad**. También se necesita tener un plato elevado para que coma. ¡La buena alimentación los mantendrá sanos!

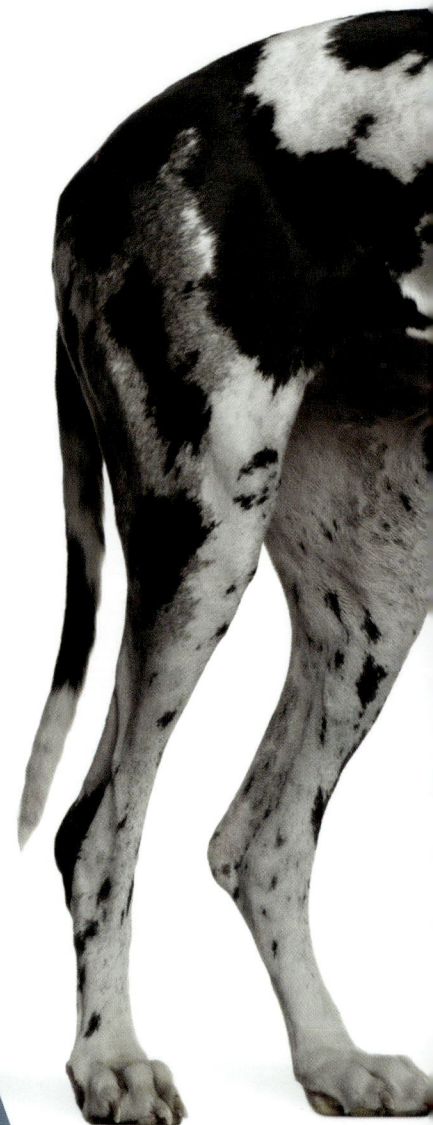

Unos gigantes muy buenos

¡Los perros gran danés pueden dar miedo! En realidad son muy dóciles. Son buenos con los niños. ¡Son perros muy queridos en su familia!

20

Más datos

- ¡Para llamar la atención de sus dueños, el gran danés da empujoncitos con su gran cabeza!

- Estos grandes perros pasan frío con facilidad. Por eso es bueno que usen un abrigo para perros para salir a caminar en los fríos meses de invierno.

- A causa de su tamaño, la esperanza de vida de estos perros es corta. Normalmente viven entre 7.5 y 10 años.

Glosario

buena calidad – lo mejor.

marcas – mancha o dibujo en el pelaje de un animal, en sus plumas o en la piel.

musculoso – fuerte y atlético.

raza – tipo específico de perro.

recortar – dar forma cortando una parte de algo para que quede parado.

23

Índice

abdokids.com

¡Usa este código para entrar en abdokids.com y tener acceso a juegos, arte, videos y mucho más!

Código Abdo Kids:
DGK5178